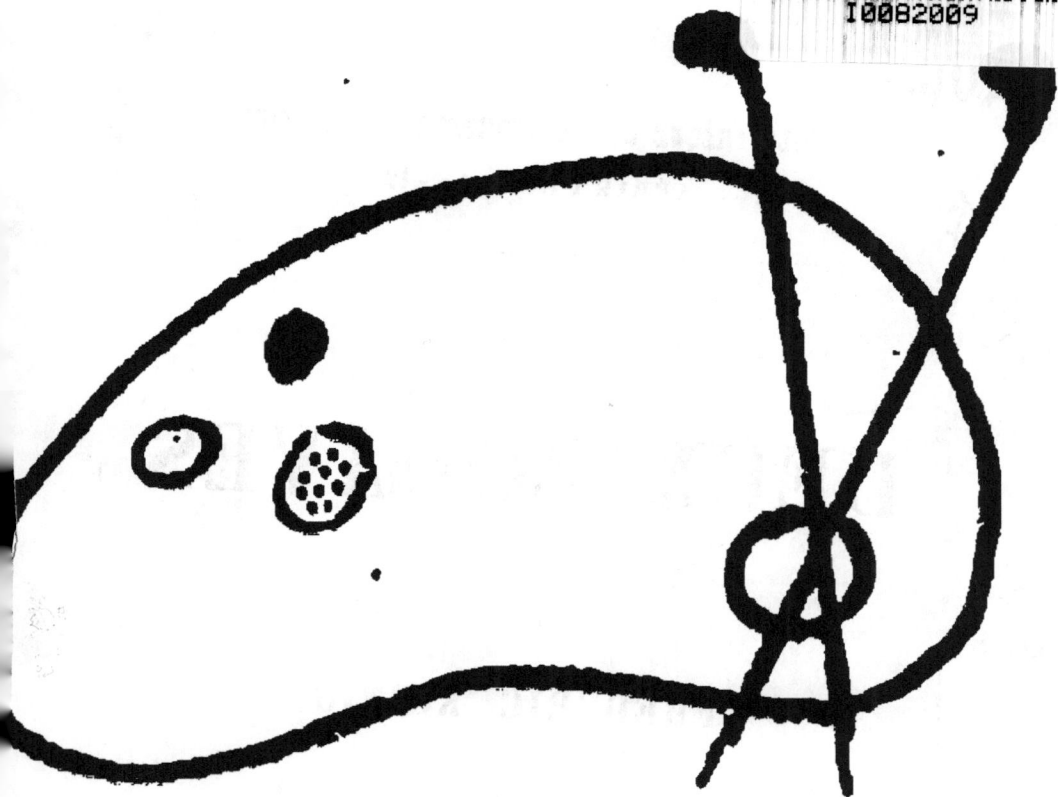

Couvertures supérieure et inférieure
en couleur

BIBLIOTHÈQUE DE LA JEUNESSE CHRÉTIENNE

SÉRIE PETIT IN-12

LES
DEUX ZOUAVES

PAR

FRÉDÉRIC KŒNIG

TOURS

ALFRED MAME ET FILS, ÉDITEURS

BIBLIOTHÈQUE DE LA JEUNESSE CHRÉTIENNE

SÉRIE PETIT IN-12

AMIES DE PENSION (les) ; par M. Louis de Tesson.

AUBERGE DU CHEVAL-BLANC (l'), ou l'Enfant volé ; par J. Girard.

BÉNÉDICTION PATERNELLE (la) ; par M. Louis de Tesson.

BERGER D'ARTHONAY (le) ; par Étienne Gervais.

BOUQUETIÈRE ET L'OISELEUR (la), par Mme Elisa Frank.

CÉLESTINE, par Mme Marie-Ange de B***.

CONTES ET MORALITÉS, par M. Louis de Tesson.

DEUX ADOPTIONS (les) ; par Mme A. Grandsard.

DEUX ZOUAVES (les), par Frédéric Kœnig.

DICK MORTON, par Mme Elisa Frank.

DISTRIBUTION DE PRIX (la), par Mlle Delort.

EUGÉNIE, ou la petite Étourdie ; par Stéphanie Ory.

FAMILLE HOBBY (la), Histoire villageoise ; par Mme Aymé Cécyl.

FÊTE DE SAINTE AMÉLIE (la), par Frédéric Kœnig.

FOIRE AUX PAINS D'ÉPICES (la) ; par Étienne Gervais.

HEUREUSE FAMILLE (l'), Récit d'un voyageur, suivi de : la Harpe et l'Anneau de Merlin ; le Trésor ; Frank Lambert ; par Mme Elisa Frank.

JAMES ET BETZY, suivi de : la Pêche à marée basse ; l'Enfant des mécaniques ; un Œuf de Pâques ; un Tableau allemand ; par Mme Elisa Frank.

LION DE BEURRE DE CANOVA (le), par Frédéric Kœnig.

LOUIS COSTAL, ou l'Épicier de la rue Vanneau ; par Fréd. Kœnig.

LOUIS ET PAUL, ou le Portrait d'une mère ; par l'abbé Veyrene.

MARGUERITE, ou la jeune Aveugle ; par Stéphanie Ory.

MARTHE LA GLANEUSE, par Mme A. Gransard.

MÉLANIE ET JEANNE ; par Marie-Ange de T***.

NIÈCE DE L'ÉMIGRÉ (la) ; par Mme Marie-Ange de B***.

ORPHELIN DU CHOLÉRA (l') ; par Étienne Gervais.

PAUVRE DE SAINT-MARTIN (le) ; par Mme Jenny Lefébure.

PROMENADE AU LUXEMBOURG (une) ; par Marie-Ange de B***.

SAINT-NICOLAS (la) ; par Just Girard.

TRANSTÉVÉRINE (la), suivi de : une Famille française dans l'intérieur de l'Afrique ; une Journée qui commence mal ; par Mme Elisa Frank.

UN TABLEAU DE LA SAINTE VIERGE ; par Just Girard.

UNE PROMENADE AU BOIS DE VINCENNES, par F. Kœnig.

YAKOUB LE MENDIANT, par Frédéric Kœnig.

ZOÉ, ou la Méchanceté punie ; par Stéphanie Ory.

BIBLIOTHÈQUE

DE LA

JEUNESSE CHRÉTIENNE

APPROUVÉE

PAR Mᵍʳ L'ARCHEVÊQUE DE TOURS

—

SÉRIE PETIT IN-12

LES

DEUX ZOUAVES

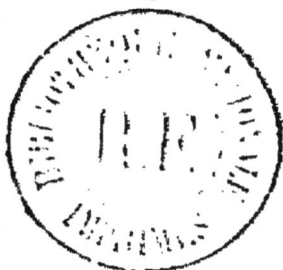

PAR

FRÉDÉRIC KŒNIG

—

NOUVELLE ÉDITION

TOURS

ALFRED MAME ET FILS, ÉDITEURS

—

1878

LES
DEUX ZOUAVES

I

Un de mes amis, membre d'un comice agricole d'un de nos départements du centre de la France, m'avait invité, en 1863, à la réunion annuelle de cette association. Je me fis un vrai plaisir de répondre à son invitation, et, au jour indiqué, je pris le chemin de fer d'Orléans, qui, en huit à neuf heures, me transporta à N***, où se célébrait cette fête de l'agriculture.

La réunion était nombreuse et animée;

rien ne manquait au programme : messe
solennelle, concours de charrues, exposition
d'instruments aratoires, de bestiaux et d'a-
nimaux domestiques; puis assemblée générale sous une vaste tente pavoisée, discours,
rapports, distribution de prix; le tout terminé par le banquet traditionnel avec ses
toasts obligés, sans parler des danses villa-
geoises et des feux de joie à défaut de feux
d'artifice; enfin, journée bien remplie,
mais passablement fatigante, surtout pour
moi qui, quoique grand partisan des pro-
grès de l'agriculture, ne suis pas assez con-
naisseur pratique pour apprécier à leur
juste valeur les améliorations apportées dans
tel ou tel procédé de culture, ou dans l'éle-
vage des animaux domestiques. Aussi n'au-
rais-je peut-être remporté de cette fête cham-
pêtre que des souvenirs agréables, mais
confus, que le temps et les préoccupations

de la vie parisienne auraient promptement effacés, sans un incident qui frappa d'abord mon attention, puis éveilla ma curiosité, et finit par m'inspirer le plus vif intérêt.

La commission chargée, quelque temps avant la réunion du comice, de la visite des cultures de l'arrondissement, avait désigné dans son rapport les terres de la ferme de Boisjoly, appartenant à la veuve Lemercier, comme offrant les spécimens les plus remarquables de cultures perfectionnées ; elle avait en même temps signalé cette ferme pour sa bonne tenue en général, et pour l'intelligence avec laquelle tous les travaux d'agriculture y étaient exécutés. Elle concluait cette partie de son rapport, en proposant au comice de décerner une médaille d'honneur à M⁰ veuve Lemercier.

Au concours des animaux domestiques, le bétail appartenant à la même ferme de

Boisjoly fut reconnu, à l'unanimité des examinateurs jurés, comme ayant mérité la première prime.

Enfin, au concours des charrues, le premier prix de labourage avait été gagné par Louis Savenay, premier garçon de la susdite ferme.

Lors de la distribution des prix, quand la voix retentissante du secrétaire proclama ce triple triomphe, d'unanimes et chaleureux applaudissements éclatèrent de toutes parts, comme pour ratifier le jugement des commissaires et des examinateurs.

On vit alors une femme de cinquante à cinquante-cinq ans, vêtue dans ses plus beaux atours de paysanne, s'avancer timidement vers l'estrade pour recevoir des mains du président les récompenses qui lui avaient été décernées. Celui-ci, en les lui remettant, y joignit quelques paroles de félicitation.

« Ah ! mon bon Monsieur, dit-elle, merci bien de vos bonnes paroles ; mais ce n'est pas moi qui les mérite, non plus que ces prix que vous me donnez ; c'est M. Louis Savenay qui les a gagnés, et c'est à lui qu'ils appartiennent légitimement.

— Madame, lui répondit en souriant le président, c'est vous seule qui êtes à la tête de la ferme de Boisjoly, et c'est en cette qualité que le comice vous a décerné le prix que je viens de vous remettre. Maintenant vous savez mieux que personne la part qui revient à ceux que vous employez, et c'est à vous de leur distribuer cette part dans la proportion que vous jugerez équitable. »

Cette conversation n'avait été entendue que des personnes placées comme moi sur l'estrade, et dans le voisinage du président. Une bruyante fanfare, exécutée en ce moment par la musique des sapeurs-pompiers, n'avait pas permis à la voix des interlocuteurs de se faire entendre au delà.

Dès que la musique eut cessé de jouer, le secrétaire appela Louis Savenay. A ce nom, les applaudissements recommencèrent avec une nouvelle force. Aussitôt un jeune homme d'une trentaine d'années, vêtu d'une blouse neuve, d'un pantalon de coutil écru, s'approcha de l'estrade. Malgré la simplicité de son costume, qui n'avait de remarquable qu'une extrême propreté, il y avait dans sa manière de marcher, de se tenir, de saluer, quelque chose qui le distinguait des autres paysans, et je crus comprendre pourquoi la maîtresse Lemercier l'avait appelé *Monsieur*. Évidemment cet homme n'appartenait pas originairement à la classe dans laquelle il se trouvait aujourd'hui placé. Sa tournure avait quelque chose de militaire, que ne démentaient pas ses moustaches fines et l'impériale assez bien fournie qui, de sa lèvre inférieure, descendait au-dessous de son menton ; sa figure était belle, mais les fatigues, les soucis et peut-être les passions y avaient déjà creusé des rides prononcées qui le vieillissaient avant l'âge. Il se présentait avec une certaine aisance, sans gaucherie, sans fausse modestie, mais aussi sans fanfaronnade et sans paraître enivré de son triomphe. On remarquait même une certaine mélancolie répandue sur sa physionomie intelligente et sympathique.

J'avais fait, à part moi, toutes ces remarques dans moins de temps que je n'en mets à les écrire, et je m'apprêtais à demander à mon ami, assis à côté de moi, quelques renseignements sur ce personnage, auquel, je ne sais pourquoi, je me sentais disposé à m'intéresser, quand le président, après avoir remis à Louis Savenay le prix du concours de charrue, éleva la voix au milieu du plus profond silence, et lui adressa la parole en ces termes :

« Ce prix est bien peu de chose à côté de celui dont vous vous êtes rendu digne, depuis qu'avec un courage et un dévouement au-dessus de tout éloge, vous avez pris la direction des travaux de la ferme de Boisjoly; mais le comice n'a point de récompense matérielle à décerner pour des actes de cette nature. Il ne peut que vous féliciter, comme il le fait par ma voix, de la belle conduite que vous avez tenue depuis votre arrivée dans ce pays; quant à la récompense que vous méritez, vous la trouverez dans l'estime de vos concitoyens, et surtout dans le témoignage de votre conscience. »

Un tonnerre d'applaudissements suivit ces paroles du président, et couvrit pendant quelques instants le bruit de la fanfare qui se faisait entendre après la proclamation de chaque prix.

Quant à Louis Savenay, ce que venait de dire le président parut lui causer une profonde émotion, et je m'aperçus qu'en se retirant une larme tremblait au bord de sa paupière.

Comme il passait près de nous pour regagner sa place, mon ami lui dit à demi-voix, et de manière à n'être entendu que de lui : « Courage, mon garçon, voilà une bonne journée ; j'espère qu'elle aura d'heureux résultats pour toi.

— Merci, Monsieur, de votre bienveillance, répondit tristement Louis ; mais je ne vois pas pourquoi cette journée serait plus heureuse pour moi qu'une autre.

— Écoute, reprit mon ami, viens demain matin à onze heures me parler ; j'aurai probablement quelque chose d'important à te communiquer. N'y manque pas...; heure militaire, tu entends?

— J'y serai, mon capitaine,» fit-il en portant le revers de sa main droite à la hauteur de son front; puis il s'éloigna, et se perdit bientôt dans la foule.

« C'est sans doute un ancien soldat de ta compagnie? dis-je à mon ami aussitôt que Louis eut tourné le dos.

— Non, il n'était même pas de mon régiment, mais nous faisions partie de la même brigade en Afrique, et je l'ai connu dans plusieurs campagnes que nous avons faites ensemble.

— Ce jeune homme paraît bien sérieux, bien soucieux pour son âge.

— Ce n'est pas étonnant; il a éprouvé de cruels chagrins.

— Son histoire doit être fort intéressante?

— Elle l'est on ne peut plus.

— Conte-la-moi, mon cher ; j'ai le plus vif désir de la connaître.

— Y penses-tu ? au milieu de ce vacarme assourdissant de trompettes, de clairons...; et puis tout à l'heure M. le sous-préfet va prononcer un discours, et il serait de la dernière inconvenance de causer entre nous pendant que le premier magistrat de l'arrondissement parlera... D'ailleurs cette histoire est un peu longue, et j'ai besoin de me recueillir pour m'en rappeler tous les détails ; mais tu ne perdras rien pour attendre ; car j'aurai au moins autant de plaisir à te la raconter que tu pourras en avoir à l'entendre : seulement remettons la partie à ce soir, après la fête, lorsque nous serons rentrés chez moi. »

Je n'avais rien à objecter à cet arrangement ; aussi ne répondis-je que par un signe muet d'assentiment. Il eût d'ailleurs été difficile de continuer notre conversation, même à voix basse ; car M. le sous-préfet venait de se lever, et s'apprêtait à parler. Aussitôt des *chut* nombreux firent cesser toutes les conversations particulières, et l'orateur commença son discours au milieu d'un profond silence.

Quelque intéressant que fût ce discours, il ne fixa que médiocrement mon attention. Je ferai grâce aussi à mes lecteurs de la description du reste de la fête, et j'arriverai au moment où, retirés dans le petit salon de mon ami, il me raconta en ces termes l'histoire qu'il m'avait promise.

II

Louis Savenay est né dans le département de Loir-et-Cher, et appartient à une honorable famille de ce pays. Il était à peine âgé de cinq ans lorsqu'il perdit sa mère, et cependant il en a conservé un doux et pieux souvenir. Son père exerçait les fonctions de percepteur dans je ne sais plus quel chef-lieu de canton de l'arrondissement de Vendôme. Après avoir fait élever son fils au collège de cette ville jusqu'à l'âge de quinze ans, il l'appela auprès de lui pour l'aider dans les travaux de son emploi, qu'il espérait pouvoir lui transmettre plus tard. Mais au bout d'un an, le père Savenay mourut, laissant à son fils une modeste fortune évaluée au plus à trente mille francs, en y comprenant les biens de sa femme.

Pendant sa dernière maladie, dont il prévoyait l'issue, le père Savenay avait fait un testament par lequel il conférait la tutelle de son fils mineur à un de ses cousins, son meilleur ami, nommé Claude Gervais, régisseur d'un vaste domaine dans le Berri. M. Gervais accepta d'autant plus volontiers cette charge, qu'il espérait avoir par là plus de facilité de réaliser un jour le projet dont il avait été souvent question entre son ami défunt et lui : c'était de marier Louis Savenay avec sa fille Héloïse, qui n'avait alors que douze ans et qui était en pension dans un couvent de Châteauroux.

En attendant que les deux enfants fussent en âge d'entrer dans ses vues, M. Gervais plaça son pupille comme élève à l'école d'agriculture de Grignon, en lui disant : « Mon cher Louis, la mort de ton père a rendu impossible l'exécution du projet qu'il avait formé, de te proposer et de te faire accepter pour son successeur ; eh bien, moi, qui le remplace, je veux t'offrir mieux encore : ce sera la place de régisseur des domaines de M. le comte de T***, que j'ai l'intention de te céder, si elle te convient, et si tu deviens capable de la remplir, en suivant avec zèle et succès les cours de l'école d'agriculture où je vais te placer..»

Louis accepta avec reconnaissance les offres de son tuteur, et il promit de se conformer à ses intentions, dont il était loin alors de soupçonner toute l'étendue.

Pendant les deux premières années, il suivit avec goût et avec intérêt les concours et les travaux de l'école. Ses succès furent remarqués, et il reçut en plus d'une occasion les

félicitations du directeur de l'école et des
professeurs. Son tuteur était dans l'enchan-
tement, et s'applaudissait chaque jour de
l'avoir placé à Grignon.

La troisième année s'annonça d'abord sous
des auspices aussi favorables que les deux
précédentes. Mais la révolution qui éclata
cette année (février 1848) vint jeter le
désordre et l'effervescence parmi ces jeunes
têtes. Il y eut quelques scènes d'indiscipline,
dans lesquelles Louis Savenay, signalé jusque-là comme un des meilleurs sujets de
l'école, se fit remarquer au nombre des plus
turbulents. Cependant, en raison de ses bons
antécédents, le directeur de l'école était disposé à user d'indulgence à son égard; il
avait décidé l'expulsion de trois des plus
compromis, et s'était contenté d'adresser une
réprimande sévère à Louis Savenay et à deux
ou trois autres de ceux qui, comme lui,

avaient pris une part active au désordre.
Mais ces jeunes gens, loin d'être touchés de
la mansuétude du directeur, murmurèrent
en l'entendant, et Louis, se faisant leur in-
terprète, dit effrontément, en s'adressant au
directeur : « Ceux que vous avez renvoyés ne
sont pas plus coupables que nous ; comme,
eux, nous méritons l'expulsion, et nous ne
voulons point de grâce, à moins que vous
ne fassiez rentrer ceux que vous venez de
condamner. ».

Tu comprendras qu'un pareil langage ne
pouvait être toléré, même en temps de révolution, si le directeur ne voulait pas s'exposer à être lui-même mis à la porte par ses
élèves. Cependant il montra dans ses procédés
toute la modération possible ; s'adressant à
Louis, il lui dit d'un ton calme :

« Monsieur Savenay, avez-vous bien réflé-
chi à ce que vous venez de me dire ?

— Oui, Monsieur.

— Vous acceptez la condamnation que vous venez de prononcer vous-même contre vous ?

— Oui, Monsieur.

— En ce cas, Monsieur, dès cet instant vous n'appartenez plus à l'école de Grignon ; mais comme vous êtes mineur, vous resterez consigné dans votre chambre jusqu'à ce que votre tuteur, auquel je vais écrire, vienne vous chercher. Maintenant, continua-t-il en s'adressant aux deux compagnons de Louis, M. Savenay vient de déclarer qu'il parlait en son nom et au vôtre ; dois-je accepter pour vraie sa déclaration ? Répondez d'abord, vous monsieur Roger. »

Celui que le directeur venait d'interpeller sous le nom de Roger baissa la tête et garda un instant le silence ; puis il balbutia quelques phrases à peine intelligibles, et, sur l'invitation du directeur, de s'exprimer plus clairement, il finit par dire qu'il n'avait pas compris la portée de sa démarche, qu'il n'avait nullement l'intention de se révolter contre l'autorité, et que tout en plaignant le sort de ses camarades expulsés, il était loin d'approuver leur conduite.

« Ainsi, reprit le directeur, vous désavouez, comme n'étant pas l'expression de vos sentiments, ce que M. Savenay vient de déclarer en votre nom et au sien?

Après un moment d'hésitation, Roger répondit à demi-voix :

« Oui, Monsieur.

— Le lâche ! dit aparté Louis Savenay.

— Et moi, reprit vivement, et sans attendre qu'on l'interrogeât, le troisième, qui s'appelait Charles Lemercier, je déclare que mon ami, Louis Savenay, a fidèlement reproduit ma pensée, et que je suis prêt à par-

tager son sort, ainsi que celui de nos camarades renvoyés.

— Messieurs, reprit le directeur avec le
plus grand sang-froid, il est fâcheux pour
vous deux que vous n'ayez pas eu le même
courage que M. Roger; car, soyez-en per-
suadés, il y a plus de vrai courage à faire
l'aveu de sa faute et à s'en repentir qu'à
persister dans son erreur avec une obsti-
nation ridicule. Mais je n'entends pas agir
avec vous par surprise; vous avez été, vous
Savenay et vous Lemercier, comptés jusqu'ici au nombre de nos meilleurs élèves;
je veux vous traiter comme un père traite
des enfants égarés, et ne pas vous condamner sur un premier mouvement d'entraîne-
ment irréfléchi. Ma décision de tout à l'heure
à l'égard de Savenay restera suspendue jusqu'à demain; Lemercier gardera également
les arrêts jusque-là. Pendant ce temps vous

réfléchirez sérieusement l'un et l'autre à votre position., à votre avenir brisé par un coup de tê e, qui vous causera plus tard d'amers mais inutiles regrets ; vous penserez à vos familles, que vous allez plonger dans la douleur. Vous, Savenay, vous penserez à votre tuteur, qui a pour vous toute la tendresse et toute la sollicitude d'un père ; vous vous demanderez si vous devez de gaieté de cœur porter l'affliction et le désespoir dans l'âme de ce bon parent, et renoncer en même temps à la belle et honorable position qu'il vous prépare. Vous, Lemercier, vous songerez à votre père et à votre mère, qui comptent sur vous, l'aîné de la famille, pour être le soutien de leurs vieux ans, et pour continuer l'entreprise qu'ils ont si courageusement commencée ; vous songerez aux sacrifices qu'ils ont faits pour vous mettre en état de diriger avec succès et profit l'établisse-

ment qu'ils ont fondé. Enfin tous deux vous
réfléchirez que vous êtes arrivés à votre dernière année d'école, que dans quelques mois
il dépend de vous de quitter cette maison
d'une manière honorable, qui vous permet-
tra de vous présenter dans le monde la tête
haute, et d'y remplir avec honneur les de-
voirs que vous imposent la religion, la famille et la société. Maintenant, mes enfants,
dit-il en finissant et en prenant le ton le plus
affectueux, retirez-vous chacun dans votre
chambre; la nuit, dit-on, porte conseil :
méditez dans son silence les paroles que vous
venez d'entendre, et j'espère que demain,
rendus au calme et à la raison, vous re-
prendrez vos travaux et vous donnerez à vos
condisciples, comme vous le faisiez autrefois, l'exemple de la soumission et de la
discipline. »

Cette petite allocution toute paternelle né

produisit pas l'effet qu'en attendait le directeur, du moins à l'égard de Louis Savenay,
qui se montra le lendemain aussi résolu,
aussi entêté que la veille, déclarant qu'il ne
resterait à l'école que si l'arrêt d'expulsion
qui avait frappé ses autres camarades était
révoqué.

On comprend que cette fois le directeur
ne pouvait reculer sans compromettre son
autorité. Le renvoi de Louis Savenay fut
donc définitivement prononcé.

Cette mesure aurait probablement atteint
aussi Charles Lemercier, qui se serait piqué
d'honneur, comme la veille, d'imiter son
ami ; mais une lettre que ce dernier lui écrivit dans la matinée et qu'il lui fit parvenir,
malgré la consigne, quelque temps avant
l'heure où ils devaient paraître de nouveau
devant le directeur, changea la résolution
de Charles.

Dans cette lettre, Louis engageait fortement son ami à suivre les conseils que lui
avait donnés le directeur, à faire acte de soumission et à attendre patiemment la fin de
l'année pour quitter l'école, tout en lui annonçant que, pour lui, il était bien décidé
à tenir au directeur le même langage que
la veille. Prévoyant aussitôt l'objection que
pouvait lui faire son ami : « Pourquoi m'en-
gages-tu à faire une chose que tu ne veux
pas faire toi-même ? » voici comment il y
répondait : « Si ma position ressemblait à la
tienne, si comme toi j'avais un père, une
mère, des frères, une sœur, je tremblerais
de leur causer un chagrin mortel, et je n'hé-
siterais pas un instant à me soumettre à tout
ce qu'on exigerait de moi ; mais je suis
orphelin, je n'ai aucun lien de famille qui
m'enchaîne ; car, entre nous, je ne compte
pas le faible lien qui m'attache ou plutôt qui

ne m'attache guère à mon très honoré cousin et tuteur, dont on me vantait encore hier a bonté paternelle, et qui n'est au fond qu'un calculateur adroit et égoïste ; j'ai pénétré depuis longtemps ses projets, lesquels me sourient fort peu ; je suis donc libre comme l'air ; j'ai dix-neuf ans, et je veux jouir de ma liberté. Voilà le vrai motif qui me détermine à quitter Grignon dès à présent. — Mais, me diras-tu, je te croyais du goût pour l'agriculture ; tes succès à Grignon semblaient annoncer en toi un véritable agronome, et même, comme nous le disions entre nous, un *agromane*. Est-ce que tu as renoncé à tes projets d'avenir ? est-ce que tes goûts sera'ent tout à coup changés ? — A cela je te répondrai oui et non. Quelques mots d'explication vont te donner le sens de cette réponse contradictoire.

« La révolution qui vient de s'opérer en

France a eu, passe-moi cette expression, son contre-coup dans mon âme. En entendant proclamer la république, en voyant cette agitation qui se manifeste autour de nous depuis trois mois, je me suis reporté par la pensée à ce grand mouvement qui a remué si profondément la France et l'Europe il y a près de soixante ans. Il est probable qu'une guerre générale va éclater comme à cette époque. Alors je me suis dit : La patrie a plus besoin pour le moment de soldats que d'agronomes. Je veux prendre les armes pour la défendre, et lorsqu'elle n'aura plus besoin de mes services, je déposerai mon épée pour reprendre la charrue. A moins que... qui sait ce qui peut survenir en temps de révolution?... à moins que la nouvelle carrière que je vais suivre ne m'offre des avantages réels qui me décideraient à ne plus la quitter ; car enfin, bon nombre d'individus

sont partis d'un point plus bas que celui où
je me trouve placé, et sont arrivés aux plus
brillantes positions sociales...; et, comme
le dit la chanson : *Plus d'un maréchal de
France est parti le sac sur le dos.* — Bah !
vas-tu me dire avec ce petit ricanement que
je connais, tu rêves le bâton de maréchal de
France ! rien que cela ! En vérité, j'admire
ta modestie ! — Non, mon cher, je ne songe
pas au bâton de maréchal ; quoique pré-
somptueux, je ne le suis pas à ce point.
Mais, je l'avoue, j'ai des rêves de gloire et
d'illustration qui parfois remplissent mon
cerveau des plus brillants mirages... Tout
cela n'est peut-être qu'illusion, que fantas-
magorie...; n'importe, je veux m'y abandonner un instant, ne serait-ce que pour
m'assurer de ce qu'il y a de réel et de chi-
mérique dans mes rêves.

« En résumé, je suis décidé à m'engager

dans un régiment le lendemain du jour où je quitterai l'école. C'est un parti irrévocable dont rien ne saurait me détourner...; c'est peut-être une folie dont je me repentirai plus tard ; mais, encore une fois, comme je ne dépends de personne, je veux satisfaire mon caprice. Ah! certes, si j'avais encore mes parents, il est plus que probable qu'une pareille idée ne me serait pas venue, ou si elle s'était présentée à mon esprit, je l'aurais repoussée comme une mauvaise pensée. Voilà pourquoi je te dis à toi, mon cher Charles, que tu ne peux pas, que tu ne dois pas songer à m'imiter.

« Avant-hier Roger, toi et moi, nous nous sommes engagés comme de vrais étourdis, ou, pour mieux dire, c'est moi qui vous ai engagés à protester contre la décision prise à l'égard de nos camarades expulsés. Hier le directeur nous a tenu un langage

plein de bienveillance et de raison. Roger
l'a écouté et s'y est rendu : il a bien fait,
quoiqu'au moment je l'aie traité de lâche.
Aujourd'hui je désirerais de tout mon cœur
que tu l'eusses imité. Heureusement il n'est
pas trop tard, et tu peux ce matin réparer la
faute de la veille. Je t'en conjure donc au
nom de tes bons parents, au nom de l'amitié
que tu me témoignes, n'hésite pas un instant
à suivre mon conseil. Rien ne me serait plus
douloureux que de te voir agir autrement.
C'est bien assez que, par les motifs que j'ai
déduits plus haut, je m'expose seul aux
chances d'un avenir incertain, sans avoir
encore le chagrin, et en quelque sorte la
responsabilité, de t'avoir entraîné dans mes
projets aventureux. »

III

Cette longue lettre, que mon ami le capitaine me lut d'un bout à l'autre, et dont je n'ai donné ici qu'un extrait, appartenait à une volumineuse correspondance qui avait été confiée au capitaine dans les circonstances dont nous aurons occasion de parler plus tard.

Quand il eut achevé sa lecture, mon ami me dit : « Tu vois, d'après cette lettre, de quels bons sentiments ce jeune homme était animé, et quels conseils salutaires il donnait à son ami, tout en s'abandonnant lui-même aux caprices de son imagination exaltée. Tu

verras encore, quand la suite de ce récit en
amènera l'occasion, d'autres passages de cette
correspondance où se retrouvent les mêmes
sentiments et les mêmes conseils, corroborés
cette fois par l'expérience qu'il avait acquise
et la désillusion des chimères qu'il avait rê-
vées. Ces observations faites, je reprends mon
récit.

Charles suivit le conseil de Louis, et lorsqu'il parut devant le directeur, son langage
fut aussi soumis, aussi respectueux qu'il
avait été la veille arrogant et empreint de
l'esprit de rébellion.

« Bien! lui dit le directeur du ton le plus
affectueux; je vous retrouve enfin, mon cher
Lemercier, tel que vous êtes naturellement,
tel que je vous ai toujours connu. J'étais sûr
que vous vous étiez laissé entraîner par cette
mauvaise tête de Savenay, et je m'applaudis
de vous avoir séparés depuis hier; si je

vous avais laissés ensemble, il est probable
que vous auriez encore écouté ses conseils,
et que vous vous seriez fait un triste point
d'honneur de l'imiter. Lui, je dois vous le
dire, il persiste avec un entêtement déplorable dans la mauvaise voie où il est entré,
et malgré tout l'intérêt que je lui portais,
car c'était un de nos meilleurs élèves, il m'a
poussé tellement à bout, qu'il n'a plus laissé
de place à l'indulgence.

— Monsieur, reprit Charles, permettez-
moi, au risque d'atténuer la bonne opinion
que vous venez de me témoigner, de vous
dire que vous vous êtes trompé en supposant
que Louis, si nous eussions été réunis depuis
hier, m'aurait donné le conseil de persister
dans la rébellion que j'avais manifestée : eh
bien, Monsieur, c'est le contraire qui est la
vérité ; car c'est d'après les conseils de Louis
que je viens en ce moment vous déclarer

mon entière soumission, et de plus je dois
vous avouer, dût encore cet aveu me nuire
dans votre esprit, que sans lui j'aurais persisté dans ma désobéissance.

— Comment aurait-il pu vous donner ces
conseils, puisque vous étiez consignés l'un
et l'autre, et que vous avez été dans l'impos-
sibilité de vous voir et de vous parler?

— Nous ne nous sommes pas vus, en effet;
mais il m'a écrit, et pour vous donner une
preuve de sa loyauté et de la vérité de ce que
je viens de vous affirmer, voici la lettre qu'il
m'a adressée. Je vous la remets avec confiance, persuadé que vous n'abuserez pas
de cette communication toute confidentielle,
pour rechercher comment elle m'est parve-
nue, et que vous n'y verrez que mon intention de justifier mon ami de la prévention
que vous avez conçue contre lui. Cette lettre
vous fera connaître en même temps les véri-

tables motifs qui le déterminent à quitter
l'école, motifs qu'il n'a pas voulu faire connaître, dans la crainte, sans doute, qu'on ne
cherchât à le détourner de ses projets, soit
par des raisonnements, soit par des raille-
ries, soit par tout autre moyen. »

Le directeur, après avoir lu attentivement
la lettre, la rendit à Charles en disant :
« Oui, cette lettre justifie pleinement votre
ami de mes soupçons relativement aux mauvais conseils qu'il vous aurait donnés ; mais
elle m'afflige en ce sens, qu'il a manqué de
confiance en moi qui ai toujours agi comme
un père à son égard. Sans doute, s'il m'eût
manifesté le désir de quitter l'école pour
s'engager, je lui aurais adressé des observations à ce sujet, et j'aurais cherché à l'en
détourner, parce que je crois qu'il pouvait
mieux réussir dans une autre carrière. Après
cela, s'il eût persisté, si j'avais remarqué

que c'était chez lui une détermination sérieuse, arrêtée, je n'aurais pas insisté, et
j'aurais été le premier à lui donner les
moyens de se présenter dans le corps qu'il
choisira, d'une manière plus convenable et
plus digne qu'il ne pourra le faire maintenant avec une note d'expulsion de l'école...

— Ah! Monsieur, interrompit vivement
Charles, s'il avait connu vos dispositions,
bien certainement il n'aurait pas agi comme
il l'a fait ; veuillez faire la part de l'entraî-
nement de ces jours derniers, de l'effervescence qui a régné dans l'école, et pardonnez-
lui un instant d'égarement qu'il regrette,
j'en suis plus que certain, mais qu'une
mauvaise honte l'empêche peut-être d'a-
vouer.

— Bien, mon cher Lemercier, j'aime à
voir un jeune homme prendre avec chaleur
la défense de son ami absent ; il ne m'en

faudrait pas davantage pour me disposer de nouveau à l'indulgence ; mais encore faudrait-il que M. Savenay vînt lui - même la solliciter, en me faisant des excuses convenables ; après tout, ce n'est pas à moi à prendre l'initiative.

— Rien n'est plus juste : si vous me le permettez, j'irai trouver Louis à l'instant, et je ne doute pas, quand je lui aurai parlé, qu'il ne s'empresse de venir solliciter son pardon, et vous demander les moyens de faciliter son admission dans l'armée. »

Le directeur acquiesça, en souriant, à la demande de Charles. Quelques instants après il revenait avec son ami. Tout s'arrangea comme l'avait prévu Lemercier ; le directeur, qui ne demandait pas mieux que de pardonner, accepta facilement les excuses de Louis, lui fit quelques observations pour la forme sur ses projets d'engagement, et, voyant sa persévérance, il écrivit à M. Gervais. Celui-ci consentant, bien qu'à regret, au dessein de Louis, le directeur donna au jeune homme une lettre de recommandation pour un de ses amis, chef de bureau au ministère de l'agriculture et du commerce.

Louis, après avoir chaleureusement remercié le directeur, embrassa son ami en lui promettant de lui écrire souvent, et se mit gaiement en route pour Versailles. Il parcourut lestement à pied les douze kilomètres qui séparent cette ville de Grignon, prit le chemin de fer de la rive gauche, et une demi-heure après il descendait à la gare du boulevard Montparnasse. Il se rendit, sans perdre de temps, au ministère du commerce. Le chef du bureau à qui s'adressait la lettre du directeur proposa à Louis de le faire entrer dans la garde mobile, que l'on organisait en ce moment. Le jeune homme accepta avec empressement, et le soir même il était incorporé dans un des bataillons de ce corps, dont les services, quoique de peu de durée, n'ont pas été sans éclat.

Un mois après, il combattit avec son bataillon contre la terrible et sanglante insurrection de juin, et il se comporta, dans plus d'une occasion, de manière à mériter l'éloge de ses chefs. Mais cette guerre des rues, ces assauts contre des barricades, n'étaient point les exploits qu'il avait rêvés quand il s'était senti embrasé du désir d'acquérir de la gloire. C'était contre l'étranger, contre l'ennemi du dehors qu'il eût voulu exercer sa valeur, et non contre des Français, contre des frères.

Tels étaient les sentiments qu'il exprimait dans une lettre qu'il écrivit alors à son ami, et où je remarque le passage suivant :

« La guerre civile me fait horreur. Je
« regrette d'avoir reçu mon baptême de feu
« dans cette collision déplorable. Oh ! que
« ces combats fratricides ressemblent peu
« aux brillantes campagnes de nos pères
« sur les bords du Rhin, en Italie ou en
« Égypte ! Voilà les théâtres où j'espérais
« être appelé à figurer quand j'ai embrassé
« la carrière militaire. Hélas ! je viens d'é-
« prouver une pénible désillusion ; mais,
« pour ne plus être exposé à jouer de nou-
« veau un rôle dans une guerre de cette
« nature, j'ai demandé à être envoyé en
« Afrique dans un régiment de zouaves.
« Plusieurs de mes camarades en ont fait
« autant, et nous avons lieu d'espérer que
« notre demande sera favorablement ac-
« cueillie. Au moins, dans ce pays-là, mes
« adversaires seront des Arabes et des Ka-
« byles, et rien ne m'empêchera de me

« croîre un compagnon de Godefroy de
« Bouillon ou de saint Louis, appelé à com-
« battre les infidèles. »

En effet, au mois d'avril 1849, il obtint
d'entrer dans les zouaves, et il partit pour
l'Algérie.

Dès la première année de son service
dans la colonie, il se distingua en plusieurs
rencontres, et fut porté deux ou trois fois à
l'ordre du jour. Il passa rapidement par les
premiers grades de caporal, de sergent, de
fourrier, pour arriver à celui de sergent-
major.

Au moment où il obtint ce dernier grade,
il venait d'atteindre sa majorité. Il se fit
rendre ses comptes par son tuteur, et reçut
à cette occasion une certaine somme d'argent
formant le solde du compte de tutelle. « Tiens,
dit-il au vaguemestre qui lui remettait la
lettre et le mandat pour toucher cette somme,

voici qui arrive fort à propos pour arroser
mes nouveaux galons. »

Il les arrosa si bien, qu'au bout de huit
jours il ne lui restait pas un centime de près
de deux mille francs qu'il avait reçus, et
qu'il devait deux cents francs au café des
sous-officiers de la rue Bab-Azoun, à Alger.
Il eut recours, pour solder cette dette, à un
homme d'affaires, comme on en rencontre
partout et comme il s'en trouve une foule
dans notre colonie africaine. Celui à qui il
s'adressa, après avoir pris connaissance du
compte de tutelle et des autres papiers que
Louis Savenay lui communiqua, reconnaissant que le jeune sous-officier possédait
un petit héritage d'une trentaine de mille
francs, n'hésita pas à lui avancer cinq cents
francs, en lui faisant souscrire un billet de
huit cents payables dans un an.

Louis ne parut point surpris d'un intérêt

si énorme (soixante pour cent), et il signa
gaiement le billet. Il trouvait que c'était
une excellente affaire, puisqu'elle lui per-
mettait de payer sa dette au café, et qu'il
lui restait en outre trois cents francs pour
se divertir de nouveau avec les camarades.

Il recommença donc de plus belle, et les
trois cents francs eurent bientôt disparu. Il
eut recours à un nouvel emprunt usuraire,
qui lui permit de continuer encore quelques
jours ses folles dépenses.

Mais il y a un terme à tout : cette vie de
débauche et d'orgie ne pouvait guère s'allier
avec la discipline et les exigences du service
militaire ; et cependant cette discipline était
depuis quelque temps un peu relâchée et
ses exigences étaient momentanément moins
sévères, parce que le bataillon, de retour
depuis peu d'une campagne longue et très
pénible, n'avait pas été assujetti tout d'abord

aux corvées et au service régulier du reste
de la garnison. On aurait voulu lui laisser le
temps de se refaire et de se reposer un peu
de ses fatigues. C'est pourquoi le colonel
avait à demi fermé les yeux sur l'*arrosage*
un peu trop prolongé des galons du sergent-
major Savenay. Mais bientôt de graves in-
fractions à la discipline se commirent jour-
nellement : les sous-officiers, entraînés par
Savenay, ne se contentaient pas de la per-
mission de minuit qui leur avait été accordée,
ils découchaient toutes les nuits ; souvent on
les rencontrait ivres dans les rues ; enfin le
mauvais exemple commençait à gagner les
caporaux et les simples zouaves.

Le colonel résolut d'arrêter ces désordres.
Il manda chez lui tous les sergents-majors et
les fourriers du bataillon, leur adressa une
verte semonce et les consigna tous pour
quatre jours, à l'exception de Savenay, qui

fut consigné pour huit jours. C'était une
peine bien légère pour une faute aussi grave.
Les sous-officiers s'étaient même attendus à
une punition beaucoup plus sérieuse, après
les paroles sévères du colonel. Ils se reti-
rèrent donc, l'oreille basse, mais fort con-
tents, au fond, d'en être quittes à si bon
marché.

Un seul était furieux : c'était Savenay.
Nous avons déjà eu l'occasion de remarquer
que c'était ce qu'on appelle une mauvaise
tête, avec un cœur excellent. Ajoutons que
dans la circonstance actuelle il était encore
surexcité par de copieuses libations d'absinthe qu'il avait faites avant de se rendre
chez le colonel. Tu ne saurais t'imaginer,
ajouta le capitaine entre parenthèses, quel
funeste effet a produit dans notre armée
d'Afrique l'abus de cette liqueur ou plutôt
de ce poison, qui a tué plus de nos gens que

les balles et le yatagan des Arabes. Malheureusement Savenay avait pris l'habitude,
depuis son arrivée en Algérie, de boire de
cette liqueur, d'abord modérément, puis
avec excès, quand l'occasion s'en présentait.
Or, depuis qu'il avait reçu son argent, cette
occasion s'était présentée tous les jours.
L'ivresse que produisaient chez lui les excès
de ce genre n'était pas de longue durée;
mais elle se manifestait par une exaltation
voisine de la folie, surtout s'il venait à éprou-
ver la moindre contrariété. La mercuriale du
colonel, et la punition qu'il lui avait infligée,
avaient donc excité au plus haut point la
fureur de Savenay. Sans ses camarades, qui
s'aperçurent de son état, et qui se hâtèrent
de l'entraîner hors de la présence du colonel,
il eût éclaté devant cet officier supérieur, et
se fût attiré quelque affaire extrêmement fâ-
cheuse, qui eût peut-être rejailli sur tout le

corps de sous-officiers. Mais une fois dans la rue, il s'emporta en invectives contre son supérieur; il l'accusait d'avoir deux poids et deux mesures, de l'avoir condamné injustement; bref, il déclarra à l'adjudant-major chargé de faire exécuter les punitions qu'il forcerait la consigne, si on ne la levait pas pour lui en même temps que pour ses camarades. L'adjudant fit son rapport; Savenay passa au conseil de discipline, fut cassé de son grade, et de plus condamné à un mois de prison.

IV

Après un mois de détention, pendant lequel Louis Savenay avait eu le temps de réfléchir sur les conséquences de sa mauvaise
tête et de son intempérance, il fut rendu à
la liberté... de rentrer dans les rangs du
bataillon en qualité de simple zouave. Comme
il était généralement aimé, il ne reçut que
des témoignages d'intérêt de la part de ses
chefs et de ses camarades. En dehors du
service, les sous-officiers le traitaient comme
un des leurs, qu'ils espéraient bientôt revoir
au milieu d'eux; les simples soldats lui
montraient une sorte de déférence, comme à

quelqu'un qui ne tarderait pas à redevenir leur supérieur. Son capitaine, qui l'aimait beaucoup, le fit appeler en particulier et lui dit : « Ah çà! j'espère que tu en as fini maintenant de faire ta tête, et que désormais tu mettras de l'eau dans ton vin et surtout dans ton absinthe. Sais-tu que tu as failli passer en conseil de guerre, ou être envoyé dans les zéphyrs (1)? C'eût été bien triste pour un homme qui a été mis trois fois à l'ordre du jour, et qui, sans cette escapade, eût été porté pour la médaille en attendant la croix. C'eût été briser ton avenir militaire, et cette considération a déterminé le conseil de discipline à user d'indulgence envers toi.

— Je vous remercie, mon capitaine, et je sais que vous n'avez pas peu contribué à cette

(1) C'est le nom que les soldats donnent aux compagnies de discipline.

décision du conseil; ainsi croyez à ma reconnaissance et...

— Laisse-là ta reconnaissance pour moi, interrompit vivement le capitaine, ou si tu tiens à me la prouver, tâche de ne pas recommencer tes frasques du mois dernier, et de ne pas arroser trop copieusement tes galons quand on te les rendra.

— Est-ce que vous pensez, mon capitaine, que le colonel serait disposé à me les rendre bientôt?

— Cela dépend de toi et de ta bonne conduite. D'ailleurs il va se présenter une occasion de les reconquérir. D'après ce que j'ai entendu dire, nous allons sous peu rentrer en campagne...

—Oh! tant mieux, mon capitaine; j'aime mieux la vie de bivouac et le coup de feu contre les Arabes que la vie de garnison, avec ses parades, ses gardes montantes, ses exercices...

— Et sa salle de police, etc. etc.; je te crois bien, vieux chacal, dit en riant le capitaine.

— Quand pensez-vous, mon capitaine, que nous partirons?

— Aussitôt que nous aurons reçu et incorporé dans notre régiment un certain nombre de recrues qui nous arrivent de France par un des premiers paquebots.

— Permettez-moi encore une question, mon capitaine; vous dites qu'on attend de nouvelles recrues pour les incorporer dans le régiment, avant d'entrer en campagne; cependant il n'est pas d'usage de faire faire campagne à de nouvelles recrues qui ne connaissent pas encore le service et ne savent souvent pas manier un fusil.

— Sois tranquille; les recrues qui entrent

dans notre bataillon sortent toutes de différents bataillons de chasseurs à pied, et savent déjà parfaitement manœuvrer. S'il s'y rencontre quelques conscrits qui n'aient pas encore appris l'exercice, ils resteront au dépôt jusqu'à ce qu'ils soient en état d'entrer au bataillon de guerre. A propos, ajouta en souriant le capitaine, si tu veux y rester toi-même pour leur enseigner la manœuvre, je me fais fort de te faire nommer caporal instructeur.

—— Merci, mon capitaine; j'aime mieux faire campagne comme simple tourlourou que de rester au dépôt, même avec les galons de sergent-major.

—— Je m'en doutais; au revoir, vieux chacal, et pense à ce que je t'ai dit. »

Rien ne pouvait être plus agréable à Louis Savenay que l'annonce d'une nouvelle entrée en campagne. Il attendait avec impatience l'arrivée du paquebot qui devait amener les renforts annoncés, et il se ren lait chaque jour sur le port pour savoir si le navire était en vue.

Enfin le bâtiment est signalé. Un détachement, dont Savenay faisait partie, se rendit aussitôt sur le port, tambours et musique en tête, pour assister au débarquement et recevoir les nouveaux frères d'armes.

Arrivé sur le quai, le détachement fit halte; on mit les armes en faisceaux, les rangs furent rompus, et les zouaves se promenèrent sur le quai, en attendant que le débarquement fût entièrement effectué. A mesure que les chaloupes abordaient, les zouaves se groupaient autour des nouveaux débarqués pour leur souhaiter la bienvenue. En un instant la plus grande cordialité régnait entre les uns et les autres; on eût dit que c'étaient d'anciens amis qui se retrouvaient après une longue absence.

Tout à coup, d'un groupe de chasseurs qui venaient de mettre pied à terre, se détache un individu qui se précipite vers Savenay et le presse dans ses bras, en s'écriant : « Te voilà, mon cher Louis ; moi qui craignais tant de ne pas te rejoindre de sitôt ; et tu es la première personne que j'ai le bonheur de rencontrer !

— Comment ! c'est toi, mon cher Lemercier ! s'écria à son tour Savenay en reconnaissant son ancien compagnon de l'école de Grignon ; toi ici ! et par quel hasard ? Pourquoi ne m'as-tu pas annoncé ton arrivée ?

— Je tenais à te surprendre.

— Tu es donc troupier maintenant ; moi qui te croyais encore à la tête de l'exploitation de la ferme de Boisjoly ! Comment se fait-il que ton père t'ait laissé partir, et que toi-même tu t'y sois décidé, surtout après mes dernières lettres ?

— C'est une histoire un peu longue et que je te raconterai en détail quand nous serons seul à seul ; mais à propos, et toi, je croyais te retrouver avec les galons de sous-officier : comment se fait-il que tu sois simple zouave?

— Oh! c'est aussi une histoire que je te raconterai plus tard ; cela te prouvera, comme je te le disais dans mes lettres, que tout n'est pas rose dans notre métier, et que le chemin de la gloire est parfois si raboteux qu'on y trébuche facilement. »

Ici la conversation des deux amis fut interrompue par un roulement de tambours et une sonnerie de clairons qui appelaient chacun à son rang. En un instant les faisceaux furent rompus ; les zouaves, formés par pelotons, reçurent au milieu d'eux les pelotons des nouveaux débarqués, et tous ensemble, formant une seule colonne, se mirent en route pour la caserne, au son bruyant des clairons et de la musique.

Dès que les deux amis purent avoir l'occasion de se rejoindre, on pense bien qu'ils en profitèrent pour se faire mutuellement le récit confidentiel de tout ce qui les intéressait. Nous les laisserons causer ensemble, attablés dans un cabaret, pour entrer dans quelques détails sur l'histoire de Charles Lemercier, détails qui sont nécessaires à l'intelligence de ce récit.

Charles, que nous avons laissé à l'école de Grignon, y acheva paisiblement ses dernières années d'études, et retourna à la ferme de Boisjoly, chez son père, pour l'aider dans l'accomplissement des projets qu'il avait depuis longtemps formés.

Le père Lemercier était propriétaire-cultivateur. Ayant reconnu que l'art de l'agriculture était encore à l'état primitif dans la con-

2*

trée qu'il habitait, il avait plus d'une fois, depuis bien des années, tenté de s'affranchir de la routine, et il avait fait des essais de culture perfectionnée qui ne lui avaient pas toujours réussi. Cependant il ne s'était pas découragé; mais il avait fini par comprendre que l'agriculture est un art qui doit s'apprendre comme tout autre; et comme il était trop vieux pour aller à l'école, il résolut d'y envoyer son fils aîné, Charles : voilà pourquoi, après lui avoir fait faire des études préparatoires suffisantes, il l'avait fait recevoir à Grignon. Quand il en sortira, se disait-il, nous réunirons ensemble, lui la théorie, moi l'expérience, et à nous deux nous pourrons marcher à coup sûr et ne plus tâtonner comme je l'ai fait jusqu'ici.

Cette espérance du père Lemercier se serait peut-être réalisée, sans la révolution de 1848, qui amena dans les affaires une perturbation funeste à ses intérêts. Un banquier d'une ville voisine, dépositaire de capitaux qu'il comptait employer à l'exécution de ses projets, déposa son bilan ; et, pour ne pas tout perdre, le père Lemercier fut obligé de consentir à un concordat qui réduisit sa créance à vingt-cinq pour cent, payables seulement en dix ans.

Lorsque Charles, sortant de Grignon, arriva à la ferme de Boisjoly, il trouva son père encore accablé de douleur par ce funeste événement. Le pauvre jeune homme, malgré sa bonne volonté, était impuissant à le consoler. Que faire, en effet, sans argent ? car si l'argent est le nerf de la guerre, il l'est tout autant de l'agriculture. On ne pouvait pas songer à recourir à des emprunts ; c'eût été une ressource qui eût aggravé la situation au lieu de l'améliorer. Il fallut donc se contenter de continuer les travaux sur une échelle encore amoindrie, et ajourner à une autre époque les améliorations même les plus nécessaires, parce qu'elles étaient trop coûteuses.

Charles, en voyant qu'il ne pouvait utiliser les connaissances qu'il avait acquises, ne tarda pas à s'ennuyer et à témoigner le désir de changer de position. Il aurait désiré voyager, et même s'engager comme soldat; car les lettres qu'il recevait de Louis, malgré le désenchantement que celui-ci manifestait souvent, avaient fini par lui inspirer le goût de la vie militaire. Il écrivit à ce sujet à son ami, et lui exprima le désir qu'il avait de le rejoindre et de partager ses dangers et sa gloire.

Savenay lui répondit de la manière la plus énergique pour le dissuader de ce projet. « J'ai là, dans cette liasse, ajouta le capitaine, au moins cinq ou six lettres toutes remplies des arguments qu'il croyait les plus propres à le détourner de cette idée. Dans une, il lui dit : « Te souviens-tu qu'au- « trefois je te disais : Je suis indépendant « de tout le monde, je suis libre comme « l'air, je veux jouir de ma liberté. Et le « premier usage que j'ai fait de cette liberté « bien-aimée a été de l'aliéner, en m'enga- « geant dans les gardes mobiles, puis dans « les zouaves. Toi, tu te plains de n'être « pas libre, parce que tu es obligé d'obéir à « ton père et à ta mère ; mais peux-tu com- « parer cette obéissance toujours douce et « facile envers tes parents, ces supérieurs « naturels que Dieu t'a donnés, à cette « obéissance passive, je dirais presque ser- « vile, qui te serait imposée envers une « foule de supérieurs étrangers, qui n'au- « raient pour toi aucune affection, et dont « l'autorité s'exercerait souvent sur toi

« d'une manière injuste, capricieuse ou
« brutale ? »

On voit par cet échantillon qu'il ne cherche
pas à adoucir les traits du tableau. Je pourrais citer une dizaine de passages de ce genre
épars dans sa correspondance. C'est pourquoi l'apparition de Charles sur le quai
d'Alger surprit si fort Savenay; car tu as pu
remarquer que leur correspondance avait
été interrompue depuis un certain temps.

Une des premières questions que Louis
adressa à son ami fut, comme on le pense
bien, pour savoir comment il se trouvait
aujourd'hui militaire.

« Si la chose eût dépendu de moi, répondit Charles, j'aurais suivi tes conseils,
je serais resté à la maison et je n'aurais
jamais songé à m'engager. Mais l'âge de
tirer à la conscription est arrivé; j'ai amené
le numéro 5, et j'ai bien été obligé de partir.

— Comment! ton père n'avait-il pas toujours eu l'intention de t'acheter un remplaçant? Il a donc changé d'avis au dernier
moment.

— Il n'en a pas changé; c'est moi qui m'y
suis opposé, par des motifs qu'il a parfaitement compris.

— Quels étaient ces motifs?

— Je t'ai fait part dans le temps de la
perte considérable que nous avions essuyée
par suite de la faillite du banquier de B***;
loin de nous être relevés de cet échec, nous
n'avons pu qu'à grand'peine, chaque année, joindre les deux bouts. L'année dernière même, par suite d'une maladie qui
nous a enlevé une partie de notre bétail,
nous nous sommes trouvés en arrière de
nos affaires; et c'est précisément à ce mo-
ment-là que je suis tombé au sort. Pour me
racheter, il eût fallu nécessairement que mon

père empruntât, et qu'il renonçât à renouveler son bétail; c'était la ruine de notre ferme, que ma présence n'aurait pu empêcher. J'ai donc prié mon père de ne pas s'opposer à mon départ, en lui faisant observer que ma sœur et mes frères, déjà grands, pourraient lui être bientôt utiles autant que moi. D'un autre côté, mon retour, après mon congé expiré, coïncidera avec l'époque où mon père doit toucher ce qui lui reviendra dans la faillite de son banquier, et peut-être un dividende plus fort qu'on ne l'avait espéré d'abord, parce que cet homme, à ce qu'il paraît, a repris les affaires, et il obtient plus de succès qu'on ne s'y attendait. Alors je pourrais réaliser nos anciens projets, d'autant mieux que j'aurais acquis de nouvelles connaissances en agronomie; car je me proposais d'étudier les divers procédés en usage dans tous les pays que je serais

appelé à visiter pendant la durée de ma carrière militaire. Ces raisons l'ont déterminé,
et aussitôt j'ai devancé l'appel, afin de pouvoir choisir le corps dans lequel je servirais.
J'avais demandé à entrer dans ton régiment;
mais on ne recevait pas alors de nouvelles
recrues pour les zouaves. On m'a engagé à
entrer dans un bataillon de chasseurs à pied
qui devait, dit-on, bientôt partir pour l'A-
frique. C'est ce que j'ai fait; seulement, ce
bataillon, au lieu d'être envoyé en Algérie,
a reçu simplement l'autorisation d'y envoyer
des hommes de bonne volonté pour être in-
corporés dans les zouaves; et tu comprends
que je me suis présenté un des premiers.

— Je comprends les motifs qui t'ont déterminé à t'opposer à ce que ton père te
fournît un remplaçant, et je les approuve;
mais il n'en est pas de même de ta résolution de venir en Afrique. Je t'avoue que,

malgré tout le plaisir que j'ai à te voir, je préfèrera's que tu eusses fait ton temps de service en France plutôt qu'en Algérie.

— Quelle idée! puisque le sort m'appelait à être soldat, j'ai voulu l'être tout à fait; car je n'appelle point être soldat de passer sept à huit ans dans des garnisons, à s'ennuyer du matin au soir, à perdre son temps et à n'avoir d'autres distractions que de monter la garde, faire l'exercice, passer des revues, et flâner le reste du temps. Être soldat, c'est se battre contre les ennemis de son pays, bivaquer, tirer et recevoir des coups de fusil : en un mot, c'est faire la guerre ; et comme on ne la fait qu'en Afrique, j'ai voulu y venir, et m'y voilà.

— C'est parfait, c'est charmant ce que tu dis là; c'est tout à fait ma façon de penser. Seulement, si j'avais comme toi un père et une mère, ou seulement l'un des deux, qui attendraient avec angoisse mon retour, j'aurais hésité à m'exposer volontairement à des dangers qui pourraient occasionner à ces bons parents des chagrins mortels, et voilà pourquoi je dis que tu aurais mieux fait de rester en France que de venir ici.

— C'est vrai, et quand je pense aux larmes que versaient ma mère et ma sœur en me voyant partir, j'éprouve parfois un remords d'avoir mis leur tendresse à une si rude épreuve; mais bah! il n'y faut plus penser; et, comme dit le proverbe, maintenant que le vin est tiré, il faut le boire. A ta santé, mon vieux!

— A la tienne! au plaisir de te revoir; laissons là les pensées tristes; tu es venu ici pour courir les hasards d'une guerre : eh bien! mon camarade, tu seras servi à souhait; dans deux jours nous entrons en campagne. »

V

Mon intention n'est pas de suivre les deux amis dans cette campagne, ni dans plusieurs autres qui succédèrent à celle-ci. Je dirai seulement que pendant trois ans ils prirent part à toutes les expéditions un peu importantes qui eurent lieu en Algérie, et qu'ils se comportèrent toujours en soldats braves et intelligents. Savenay avait recouvré ses galons de sergent-major, et Lemercier avait obtenu le grade de sergent-fourrier dans la même compagnie, attendant de jour en jour sa nomination au même grade que son ami.

Ce fut vers cette époque que j'eus occasion de les voir pour la première fois. Mon régiment faisait partie, comme je l'ai dit, de la même brigade que le leur. Un jour que nous étions campés dans les environs de Laghouat, j'étais allé voir un de mes amis, capitaine de zouaves. Je le trouvai, avec son sergent-major et son fourrier, occupé de quelques détails de service. Après nous être serré la main, mon vieux camarade me fit asseoir sur un pliant, l'unique siège qu'il avait dans sa tente, en me disant : « Je suis à toi dans une minute; le temps seulement de lire ce rapport.

— Prends tout le temps nécessaire, répondis-je; le service avant tout, je sais ce que c'est : seulement, donne-moi un cigare pour me faire prendre patience. »

La minute dura près d'un quart d'heure. Tout en fumant mon cigare, je regardais

attentivement les deux sous-officiers, dont
la figure me frappa par un certain air de
distinction et d'intelligence, joint à quelque
chose de mâle et de décidé, qui en formait
des types remarquables, quoique différents
entre eux. Lorsqu'ils furent sortis, je dis à
mon ami : « Sais-tu que tu as là deux fameux
lapins ? et je les changerais volontiers contre
mon sergent-major et mon fourrier.

— Tu n'es pas gêné ; mais d'ailleurs tu
n'en a pas besoin ; tes soldats sont aussi fa-
ciles à conduire que des demoiselles, tandis
qu'il nous faut des gaillards de cette trempe
pour dompter nos chacals.

— Je m'étonne, repris-je, que le sergent-
major n'ait pas encore obtenu l'épaulette
d'or ; il y a en lui, si je ne me trompe,
l'étoffe d'un bel et bon officier.

— Et tu ne te trompes pas ; certes, c'est
un excellent garçon, brave comme son épée,

et qui serait aussi capable que toi et moi d'être à la tête d'une compagnie ; malheureusement il a un défaut qui jusqu'ici a nui à son avancement, et qui déjà l'a fait casser une fois de son grade de sous-officier : c'est son goût désordonné pour l'absinthe, et l'espèce de folie dans laquelle le jette l'abus de cette liqueur. » Là-dessus, il me raconta ce qui s'était passé lors de sa première nomination au grade de sergent-major ; puis nous nous mîmes à faire des réflexions générales sur les effets qu'avait produits cette boisson pernicieuse dans notre armée d'Afrique. Enfin nous parlâmes d'autre chose, et nous nous quittâmes après avoir déjeuné comme on peut le faire sur la lisière du désert.

Trois mois après, notre brigade rentra à Alger. Je n'avais pas revu mon ami le capitaine de zouaves ni ses deux sous-officiers, lorsque, quelques jours après notre arrivée en ville, j'eus la fantaisie d'aller visiter le grand établissement agricole des trappistes de Staoueli. Tu sais que j'ai toujours eu du goût pour l'agriculture, et que ce n'est pas sans titre sérieux que j'ai été nommémembre du comice agricole de cet arrondissement. Mais quelle fut ma surprise, lorsqu'en entrant au parloir j'aperçus le sergent-major et le fourrier de zouaves que j'avais rencontrés sous la tente de mon ancien camarade! « Tiens, vous ici, m'écriai-je; est-ce que par hasard il vous prendrait fantaisie de vous faire trappistes? Vous ne seriez pas, à ce que j'ai entendu dire, les premiers zouaves qui auraient eu cette vocation.

— Non, mon capitaine, me répondit le sergent-major; nous sommes ici en simples amateurs d'agriculture, et nous venons visiter la belle ferme dont nous avons tant de fois entendu parler.

— Ah! vous êtes amateurs d'agriculture, fis-je en souriant; c'est un goût assez singulier pour des zouaves : vous est-il venu depuis que vous portez le turban?

— Non, mon capitaine; avant d'être zouaves, mon camarade et moi, nous avons été élèves de l'école impériale d'agriculture de Grignon. »

J'avoue qu'en entendant le major dire qu'ils venaient visiter l'établissement des trappistes en amateurs, j'avais soupçonné quelque vague mystification dont je ne pouvais me rendre compte, et que dans tous les cas je me proposais de déjouer. Mais en apprenant qu'ils étaient d'anciens élèves de Grignon, mes soupçons s'évanouirent, et firent même place à un sentiment de sympathie; car on est facilement porté à sympathiser avec les gens qui ont les mêmes goûts que nous.

« C'est à merveille, répondis-je ; moi aussi je suis un peu agronome, et je suis venu ici dans le même but que vous. Nous allons visiter ensemble cet établissement, et nous pourrons mutuellement nous communiquer nos observations. Mais auparavant, et j'aurais dû commencer par là, donnez-moi donc des nouvelles de mon vieux camarade Bouillaud, votre capitaine ; j'ai appris qu'il était malade : savez-vous s'il va mieux ?

— Je l'ai vu hier, repondit le fourrier, à l'hôpital de Blidah, où il est resté ; il ne va pas plus mal, mais il ne peut encore être transporté à Alger.

— Je tâcherai d'aller le voir au premier jour. »

Ici notre conversation fut interrompue par l'arrivée du frère que le père abbé avait mis à notre disposition pour nous accompagner et nous faire voir tout ce que leur établissement agricole offrait d'intéressant.

S'il m'était encore resté des doutes sur la qualité qu'ils avaient prise d'anciens élèves de Grignon, ils eussent été promptement dissipés en entendant les observations pleines de justesse qu'ils firent l'un et l'autre en parcourant la ferme, et surtout les ateliers de fabrication des instruments d'agriculture. J'en fus émerveillé, et, en sortant, je leur fis mon compliment en disant : « Ma foi, mes amis, si, lorsque votre temps de service sera fini, il vous prend fantaisie de devenir colons sur cette terre que vous aurez aidé à conquérir, je suis persuadé que vous réussirez parfaitement. Ce sont des hommes comme vous qui conviennent à une pareille tâche, et qui peuvent prendre à juste titre la devise de notre vieux maréchal Bugeaud : *Ense et aratro.*

— Pour moi, répondit le sergent-major, je ne sais pas encore ce que je ferai ; quant à mon camarade, sa place est toute trouvée ; et c'est dans sa famille qu'il ira faire usage des connaissances agricoles qu'il a acquises.

— Ah ! c'est différent. Et de quel département êtes-vous ? fis-je en m'adressant au fourrier.

— De l'Indre, arrondissement de Châteauroux, me répondit-il.

— Tiens ! m'écriai-je, nous sommes compatriotes. Et vous ? demandai-je au sergent-major.

— Moi, mon capitaine, je suis de Loir-et-Cher.

— C'est toujours du même pays, puisque nous sommes voisins. Allons, mes camarades, en qualité de pays, vous allez me faire le plaisir de déjeuner avec moi sans façon ; nous boirons à la santé des Berrichons et des Blaisois, et aussi de votre brave capitaine Bouillaud. »

Mes deux sous-officiers ne se firent pas prier. Tout en déjeunant ils me racontèrent leur histoire, à peu près telle que je viens de te la reproduire.

J'avais connu jadis le père Lemercier, que j'avais rencontré une fois dans une réunion d'agronomes dont il faisait partie. Je connaissais aussi le tuteur de Savenay, et je l'avais vu plusieurs fois au château dont il était régisseur. Quoique mes relations avec ces deux personnages n'eussent été que bien passagères, c'en était assez, à quatre cents lieues du sol natal, pour motiver une liaison avec le fils de l'un et le pupille de l'autre. Aussi, à compter de ce jour, je portai à ces deux jeunes gens un intérêt tout particulier, je pourrais dire tout paternel, comme s'ils eussent été, sinon mes propres enfants, au moins des neveux ou de proches parents.

Nous revînmes ensemble à Alger, et je les

engageai à venir me voir le plus souvent qu'ils le pourraient. Ils n'y manquèrent pas, et il ne se passait guère de jour que je ne reçusse la visite de l'un, quand ils ne venaient pas tous les deux ensemble.

Un jour, ils arrivèrent rayonnants de joie, en m'annonçant que Lemercier était nommé sergent-major. Je le félicitai chaleureusement de cet avancement; puis, au moment où ils me quittèrent, je leur dis en souriant: « Vous allez sans doute arroser les galons du nouveau sergent-major; mais prenez garde, mes enfants, de les noyer : Savenay sait ce qu'il en coûte.

— Oh! soyez tranquille, mon capitaine, répondit Savenay; on a de l'expérience maintenant, et l'on est revenu des folies d'autrefois.

— C'est bien, mon garçon; je t'en félicite. »

J'appris le lendemain que tout s'était passé convenablement. Quand je revis Savenay, je lui fis mon compliment d'avoir renoncé à sa funeste habitude de boire de l'absinthe.

« Je n'y ai pas renoncé du tout, mon capitaine, me répondit-il ; seulement j'en use avec modération, et l'absinthe ne me fait plus faire de sottises.

— Ne t'y fie pas, mon garçon, — j'avais pris depuis quelque temps l'habitude de les tutoyer, — rien n'est plus traître que cette liqueur ; tu ferais mieux d'y renoncer tout à fait, car elle pourrait bien encore te jouer quelque mauvais tour.

— Oh! il n'y a pas de danger, » me répondit-il avec assurance.

Le pauvre garçon me rappela plus tard cette conversation, à l'occasion de la catastrophe dont je te parlerai tout à l'heure.

Quelques mois après, notre brigade prit part à une expédition contre les Kabyles. Un jour ma compagnie, qui se trouvait d'avant-garde, tomba dans une embuscade d'où aucun de nous ne devait réchapper. Déjà j'étais blessé grièvement, mon lieutenant était tué, la moitié de mes hommes était hors de combat, lorsque tout à coup un clairon sonnant la charge se fit entendre; en même temps éclata la détonation de plusieurs coups de fusil qui renversèrent un certain nombre de Kabyles, et presque aussitôt une vingtaine de zouaves apparurent et se précipitèrent en bondissant comme des panthères contre les ennemis. Ceux-ci ne les attendirent pas, et s'enfuirent dans toutes les directions en répétant avec un cri de terreur : *Zouaves ! zouaves !* Ceux de mes soldats qui étaient restés valides, encouragés par la présence des zouaves, se réunirent à

eux et poursuivirent l'ennemi jusqu'à ce
qu'on n'eût plus à craindre un retour of-
fensif de sa part. Ils ne tardèrent pas à
revenir, et alors celui qui commandait le
détachement de zouaves s'approcha de moi,
car j'étais resté étendu par terre, la jambe
droite cassée et l'épaule gauche fracassée,
et s'écria en me voyant : « C'est vous, mon
capitaine ! Oh ! mon Dieu, êtes-vous dange-
reusement blessé ?

— C'est toi, mon brave Savenay ! » m'é-
criai-je à mon tour en le reconnaissant
plutôt à sa voix qu'à sa figure noircie par
la poudre et par la poussière. Je lui tendis
la main qui me restait libre, et je serrai
avec effusion la sienne en lui disant : « Merci,
mon brave ; je suis effectivement touché un
peu fort à l'épaule et à la jambe ; mais le
coffre et la tête sont intacts, et je crois que
j'en réchapperai encore cette fois. Dans tous

les cas, c'est à toi que je devrai la vie, et désormais ce sera entre nous à la vie et à la mort.

— Bien, bien, mon capitaine, nous parlerons de cela plus tard ; pour le moment, il y a quelque chose de plus pressé. »

En même temps il me quitta pour organiser le transport des blessés à l'ambulance. En un instant ses zouaves improvisèrent un brancard sur lequel je fus placé, et huit hommes de ma compagnie me portèrent à l'ambulance, où je reçus le premier pansement. Je fus ensuite transporté en cacolet à l'hôpital d'Alger.

Dès que les souffrances occasionnées par mes blessures se furent un peu calmées, un de mes premiers soins fut de faire un rapport détaillé de l'affaire où j'avais été blessé. Je n'ai pas besoin de dire avec quelle chaleur je rendis compte de la belle conduite

du sergent-major Savenay. J'appris bientôt,
par la lecture du *Moniteur de l'Algérie*,
que ce fait d'armes avait été mis à l'ordre
du jour de l'armée, et par une autre voie
j'appris, avec une joie indicible, que Savenay avait été désigné pour la croix de la
Légion d'honneur, et porté sur le tableau
d'avancement.

Trois mois s'étaient écoulés depuis mon
séjour à l'hôpital d'Alger. J'étais entré en
convalescence, et je commençais même à
marcher à l'aide d'une béquille, et portant
le bras en écharpe. J'attendais avec impatience le moment où je pourrais m'embar-
quer pour la France et faire liquider ma
pension de retraite, pour cause de blessures,
car désormais j'étais bien et dûment compté
au rang des invalides. Je n'avais pas reçu
de nouvelles directes de Savenay; mais j'a-
vais lu avec le plus vif intérêt les détails sur

l'expédition de Kabylie, qui venait enfin d'être heureusement terminée. Bientôt on annonça le retour d'une partie des troupes à Alger.

Le lendemain de leur arrivée, il y eut une grande revue. Quelques heures après qu'elle fut passée, je vis entrer dans la salle où j'étais, et s'avancer vers moi d'un air radieux, mes deux sous-officiers, Savenay et Lemercier : le premier portant sur sa poitrine la brillante décoration de la Légion d'honneur, le second la médaille militaire.

« Pardon, mon capitaine, me dit Savenay après les premiers compliments, de ne pas être venu vous voir plus tôt ; mais vous savez de quels détails de service un pauvre sergent-major est accablé quand on arrive en garnison ; d'un autre côté, je tenais à vous faire ma première visite avec ma décoration, que je viens de recevoir à la revue. C'est un hommage qui vous est bien dû ; car, je le sais, c'est grâce à vous, grâce à votre rapport, que j'ai reçu cette distinction.

— Si mon rapport a contribué à te faire avoir cette récompense, c'est qu'il n'a fait que rendre hommage à la vérité ; car, je te le déclare dans toute la franchise de mon âme, autant je suis heureux de voir briller cette croix sur ta poitrine, autant je serais désolé d'avoir contribué à l'y faire placer si je ne t'en croyais pas digne. »

Après une visite qui dura près d'une heure, les deux amis me quittèrent pour aller au bal qu'avaient organisé en leur honneur les sous-officiers de la milice algérienne, en même temps que les officiers de ce corps offraient de leur côté une fête aux officiers de l'armée.

« Allons, mes amis, leur dis-je en les quittant, amusez-vous bien, et venez me voir le plus souvent que vous pourrez. »

VI

Le lendemain matin, sur les dix heures, l'infirmier qui me servait entra dans ma chambre, et me dit qu'on venait d'apporter à l'hôpital un sergent-major de zouaves mortellement blessé en duel.

Un pressentiment funeste me fit frissonner.

Je me rendis à la salle où venait d'être transporté le blessé. Il était entouré d'élèves internes et de quelques sous-officiers de zouaves, tandis que le chirurgien-major examinait la blessure et s'apprêtait à poser le premier appareil. A mon approche, les sous-officiers s'écartèrent respectueusement, et j'aperçus alors la figure du blessé. C'était Lemercier !... Mon pressentiment ne m'avait pas trompé.

Je fis signe à un des sous-officiers de venir me parler. Quand nous fûmes éloignés du lit du patient, je lui demandai avec qui le sergent-major Lemercier s'était battu.

« Avec son collègue et son ami Savenay, me répondit-il.

— Pas possible ! m'écriai-je. Et comment a eu lieu cette querelle ?

— Cela serait assez difficile à dire ; personne de nous ne le sait, et je crois qu'eux-mêmes ne le savaient pas, non plus que les témoins de leur rencontre.

— Expliquez-vous. Comment se fait-il alors qu'on les ait laissés se battre ?

— Voici, mon capitaine, tout ce que je sais de cette malheureuse affaire. Les sous-

officiers de la milice nous ont donné un bal
qui a duré toute la nuit. Tout le monde, sur
la fin, était passablement lancé, d'autant
plus que la plupart n'avaient pris, en guise
de rafraîchissements, que du punch, du vin
chaud, du rhum et autres liqueurs de ce
genre. Vers cinq heures du matin, lorsque
les danseuses et les bourgeois se furent retirés, je ne sais qui proposa d'aller déjeuner
au café de la Marine. Cette motion fut accep-
tée avec enthousiasme, et chacun s'y rendit, excepté quelques-uns qui, comme
moi, étaient de service, et qui promirent
d'aller rejoindre les camarades après l'appel
et l'organisation de la garde montante. J'ai
entendu dire que le pauvre Lemercier, qui
avait lui-même la tête fortement prise, voulut
aussi emmener Savenay, lequel était encore
plus gris que lui. Celui-ci résista, traitant
son camarade de *clampin,* et l'entraînant

bon gré mal gré au café. Là, en attendant
que le déjeuner fût prêt, ce qui demandait
plus d'une heure, on se mit à boire l'absinthe, sous prétexte de s'ouvrir l'appétit.
Cette liqueur porta bientôt l'ivresse de tout
le monde à l'excès. Une querelle s'éleva
alors entre Savenay et Lemercier; sur quoi?
pourquoi? c'est ce que je n'ai pu savoir clairement. Un de mes camarades prétend avoir
entendu Lemercier reprocher à Savenay de
l'avoir appelé clampin, et lui avoir répété,
avec cette insistance ordinaire aux gens en
état d'ivresse : « Moi, clampin! jamais je ne
te pardonnerai de m'avoir traité de clampin;
je te prouverai, quand tu voudras, à pied, à
cheval, au sabre, à l'épée, au pistolet, que
je ne suis pas un clampin, moi. » Et Savenay,
ennuyé, lui aurait répondu : « Eh bien!
prouve-le-moi tout de suite. » Si ce n'est pas
là l'origine de la querelle, la cause, quelle

qu'elle soit, est tout aussi futile. Cependant, comme ils faisaient beaucoup de bruit, un vieux sergent chevronné, ancien maître d'armes, s'approcha d'eux en disant : « Entre gens comme vous, il y a d'autres manières de s'arranger, sans faire tant de tapage. » Aussitôt les deux majors se levèrent, quatre autres les suivirent ; ils se rendirent sur la grève dans un endroit isolé, et mirent le sabre à la main. A peine eurent-ils croisé le fer, que dès la première passe Lemercier reçut un coup de pointe dans la poitrine. J'arrivais en ce moment sur le lieu de la scène avec quelques autres camarades que le bruit de cette querelle avait attirés. Je m'empressai de faire appel à des hommes de bonne volonté pour transporter le blessé à l'hôpital.

— Et qu'est devenu Savenay ?

— Il paraît qu'en voyant tomber son ami,

cela l'a sur-le-champ dégrisé. Si on ne l'avait retenu, il se serait percé le cœur avec son sabre. Le pauvre garçon est, dit-on, dans un état affreux, et il est peut-être plus à plaindre que le blessé. »

Je remerciai le sous-officier de ces renseignements, et je m'approchai du chirurgien qui quittait en ce moment le lit du malade. Je l'interrogeai du regard ; il me répondit, par un hochement de tête significatif, qu'il n'y avait aucun espoir, et, en passant près de moi, il me dit tout bas à l'oreille : « Il n'a pas vingt-quatre heures à vivre. »

Du reste, le blessé lui-même ne se fit pas un instant illusion sur son état. Après son pansement, lorsqu'il fut un peu plus calme, il demanda à me parler. Je m'y attendais, et je me rendis auprès de lui avec tout l'empressement que ma jambe souffrante pou-

vait me permettre. J'ai assisté, pendant
vingt-cinq ans que j'ai passés dans l'état militaire, à bien des scènes de guerre; mais
jamais je n'en ai vu qui m'aient autant im-
pressionné.

La première chose qu'il me dit, c'est que
c'était lui qui avait tort; qu'il s'était attiré
son malheur par sa faute; que son ami n'é-
tait nullement coupable, et qu'il devait être
plus à plaindre que lui-même. Puis il me
parla de son père et de sa mère, que sa mort
allait plonger dans la désolation. « Ah! dit-il
en finissant, il n'y aurait qu'un moyen de
me remplacer auprès d'eux; ce serait que
Louis consentît à devenir leur fils; j'avais
depuis longtemps rêvé qu'il pourrait un
jour épouser ma sœur et devenir ainsi mon
frère. Aujourd'hui, si j'avais l'espoir que
cet arrangement se réalisera, je mourrais
plus tranquille. Si je ne puis voir Savenay

avant l'heure fatale, promettez-moi, capitaine, de lui faire part de mon dernier vœu et de mon dernier espoir. »

Je le lui promis. Alors il me pria de faire venir un prêtre ; « car, me dit-il, je veux mourir dans la religion que mon père et ma mère m'ont appris autrefois à pratiquer. »

Je fis aussitôt prévenir l'aumônier de la prison. Le digne ecclésiastique se rendit aussitôt auprès du blessé, et eut avec lui un long entretien. En le quittant, l'aumônier vint me trouver et me dit : « Jamais je n'ai vu un jeune homme de cet âge faire le sacrifice de sa vie avec autant de résignation ; pas un mot de plainte, pas la moindre récrimination contre son meurtrier. Quand je l'ai engagé à lui pardonner : « Oh ! certainement, s'est-il écrié, je lui pardonne de grand cœur ; mais c'est plutôt moi qui ai besoin de son pardon, car s'il y a quelqu'un

de coupable dans cette malheureuse affaire, c'est moi. Louis est peut-être le plus malheureux de nous deux. » Là-dessus, il m'a prié de voir son ami, et de lui répéter qu'il comptait sur lui pour le remplacer auprès de ses parents ; pour cette partie de sa commission, il m'a chargé de m'entendre avec vous, qui, a-t-il ajouté, me donneriez toutes les explications nécessaires. »

Alors je racontai à l'aumônier l'histoire de ces deux jeunes gens, et l'engageai fortement à remplir auprès de Savenay la mission dont son pénitent l'avait chargé. « Peut-être, ajoutai-je, si l'on pouvait faire venir Savenay lui-même auprès de son ami, cela vaudrait encore mieux ; dans ce cas, je me chargerai de faire lever sa consigne ; car j'ai appris qu'il était consigné au quartier, ainsi que ses témoins.

— Pour moi, reprit l'aumônier, je ne

pense pas que cette visite soit utile. Elle pourrait produire chez le blessé une trop forte émotion, capable d'accélérer sa fin. Il vaut mieux que je voie d'abord Savenay; puis, s'il entre dans les vues de son ami, nous pourrons peut-être alors ménager entre eux une entrevue qui n'offrira plus de danger. »

J'acquiesçai à ces raisons, et l'aumônier partit.

Il trouva Savenay plongé dans l'accablement du désespoir. D'abord il ne parut pas écouter les paroles du prêtre. Cependant, quand celui-ci fit entendre qu'il venait, de la part de son ami blessé, lui apporter des paroles de paix et de pardon, son attention se réveilla. Puis tout à coup il s'écria : « Ah! il me pardonne ; eh bien, moi je ne me pardonne pas, et s'il succombe, dites-lui que je ne lui survivrai pas.

— Si je lui portais une pareille réponse, répondit l'aumônier, j'empoisonnerais ses derniers moments et je hâterais sa mort. Croyez-vous qu'il suffise pour réparer votre faute de vous abandonner au désespoir et de mettre vous-même fin à vos jours? Dieu, la société et votre ami attendent autre chose de vous.

— Et qu'attendent-ils de moi? demanda-t-il d'un ton indifférent.

— Ils attendent que vous ayez le courage de vivre pour réparer, autant qu'il vous sera possible de le faire, le tort que vous avez causé à la famille de votre ami.

— Et comment me serait-il possible de le réparer? Je leur abandonnerai volontiers tout ce qui me reste de ma fortune; mais ce ne sera qu'une faible compensation à la perte qu'ils auront éprouvée.

— Et quand votre fortune serait dix fois,

cent fois plus considérable, vous ne pour-
riez pas compenser la perte d'un fils pour
ces vieux parents. Le seul moyen est celui
que propose votre ami ; et si vous l'acceptez,
vous aurez accompli le plus grand désir de
son cœur et vous aurez adouci ses derniers
moments. »

Alors l'aumônier lui fit part de la proposition de son ami, sans parler du mariage
de sa sœur, dont celui-ci ne lui avait rien
dit ; puis il ajouta, pour le déterminer, des
paroles persuasives, que la religion seule
peut inspirer. Peu à peu le cœur de Savenay se sentit touché. Il versa d'abondantes
larmes, et finit par prier l'abbé de l'entendre
en confession. Convaincu alors qu'il ne suf-
fit pas pour effacer ses péchés d'un repentir
même sincère, mais qu'il faut encore y
joindre, avec l'aveu de ses fautes, la satis-
faction, c'est-à-dire la réparation du tort fait

à Dieu et au prochain, il accepta la proposition de son ami.

Il semble que Lemercier n'attendît que cette bonne nouvelle pour mourir. A peine l'aumônier lui en eût-il fait part, qu'un léger sourire effleura ses lèvres, et en même temps il rendit le dernier soupir.

Savenay a accompli les dernières intentions de son ami avec une fidélité, et l'on pourrait dire un scrupule, au-dessus de tout éloge.

Nous quittâmes ensemble l'Algérie ; car son temps de service était fini, et c'est moi qui me chargeai de l'installer dans la famille Lemercier. D'après mes conseils, on ne devait point faire connaître à la famille le genre de mort de Charles. Son acte de décès n'en faisait aucune mention, et il était facile de donner à entendre qu'il était mort des suites de blessures reçues dans un combat.

Je me présentai le premier à la ferme de Boisjoly. J'y trouvai la famille plongée dans la plus profonde douleur. Le père venait de mourir, peu de temps après avoir appris la mort de son fils ; on l'avait enterré la veille, et tout était encore dans la confusion et dans la désolation.

Enfin, après avoir pris part à la douleur de la famille, je demandai à la mère un entretien particulier, en lui disant que j'étais chargé de lui communiquer les dernières volontés de son fils. Elle m'écouta avec attention, et parut goûter ma proposition. Au nom de Louis Savenay, elle me dit : « Oh ! quoique nous ne l'ayons jamais vu, ce n'est pas un inconnu pour nous ; ce n'est pas lui qui était capable de donner de mauvais conseils à mon fils, et si mon pauvre Charles est allé en Algérie, ce n'est pas lui qui l'y a engagé, bien au contraire ; car dans toutes ses lettres, que nous avons là, il faisait son possible pour l'en détourner. On eût dit que le pauvre jeune homme prévoyait le malheur qui est arrivé. »

Je demandai à voir ces lettres, qu'elle me remit sur-le-champ. C'est cette liasse que voilà, et dont je t'ai lu quelques fragments.

Quelques jours après, je présentai Louis à la ferme, où il fut accueilli comme un ami de la maison. Il avait vendu ce qui lui restait de sa fortune, écornée par les usuriers algériens. Cela se montait à environ douze mille francs, qu'il offrit à la veuve Lemercier, comme sa part dans l'association qu'il contracta avec elle pour l'exploitation de la ferme. Mais il ne voulut point du titre d'associé ; il n'accepta que celui de premier garçon.

Depuis cette époque, et il y a quatre ans de cela, il a pris la direction de la ferme et l'a fait prospérer d'une manière dont tu as pu te faire une idée par ce qui s'est passé aujourd'hui au comice agricole.

Depuis ce temps également, il a été un modèle de sobriété et de bonne conduite sous tous les rapports. Jamais, depuis le malheureux événement d'Alger, une goutte d'absinthe ni d'autre liqueur n'a approché de ses lèvres. « Oh ! m'a-t-il répété bien des fois, que ne vous ai-je écouté quand vous me recommandiez de renoncer tout à fait à l'absinthe ! » Une autre singularité de sa part, c'est qu'il n'a jamais voulu, depuis ce jour fatal, porter sa décoration ni même le ruban. Quand je lui en ai fait l'observation, il m'a toujours répondu : « Non, je suis indigne de porter ce signe de l'honneur ; je ne le reprendrai que quand je me croirai tout à fait réhabilité. » Et il m'a prié de ne dire à personne qu'il est décoré. »

Tout le monde l'aime dans le pays; la veuve Lemercier l'appelle son ange sauveur; car sans lui, dit-elle, sa famille était ruinée. Elle désirerait de tout son cœur qu'il épousât sa fille; mais elle me disait l'autre jour : « Après tout, je ne peux pourtant pas la lui offrir. » La jeune personne serait tout à fait de l'avis de sa mère; lui-même serait tout disposé à conclure ce mariage si convenable sous tous les rapports : eh bien! sais-tu ce qui s'y oppose? Un scrupule de sa part. « Jusqu'ici on ignore que je suis cause de la mort de Charles; je ne saurais me marier sans faire connaître la vérité, et alors il est probable que la mère repoussera avec horreur le meurtrier de son fils, et la sœur le meurtrier de son frère. »

Enfin je l'ai décidé à faire cette révélation, ou plutôt c'est moi qui me suis chargé avec M. le curé de la paroisse de la faire pour lui.

« Quel dommage, m'écriai-je quand mon ami le capitaine eut terminé son récit, que je sois obligé de partir aujourd'hui ! j'aurais bien voulu connaître le dénouement de cette histoire. »

Je te l'écrirai, tu peux y compter.

Trois semaines après, je recevais une lettre de mon ami ainsi conçue :

« Tout s'est passé à merveille. La mère et
« la fille ont été d'abord comme foudroyées
« en recevant la terrible révélation ; la mère
« a demandé quelque temps pour réfléchir.
« Elle a pris conseil de M. le curé, et elle
« a enfin répondu : « La faute de Louis est un
« malheur qu'il a dignement expié ; le bon
« Dieu et mon fils ont pardonné : pourrais-je
« ne pas pardonner à mon tour, si mon par-
« don est nécessaire ? » La fille a dit comme
« la mère, et mardi dernier j'ai assisté,
« comme un des témoins de Louis, à son

« mariage avec la sœur de Charles. Pour la
« circonstance, il avait arboré sur son habit
« de noce la décoration de la Légion d'hon-
« neur, au grand ébahissement de sa nou-
« velle famille et de tous les habitants du
« pays, y compris M. le maire, qui ne voulut
« inscrire son titre de chevalier de la Légion
« d'honneur qu'en voyant son brevet. « Eh
« bien ! mon garçon, lui dis-je, te voilà
« enfin réhabilité à tes propres yeux. —
« Oui, me répondit-il, mais à condition que
« je continuerai jusqu'à la fin de ma vie la
« réparation à laquelle je me suis dévoué
« depuis quatre ans. »

FIN

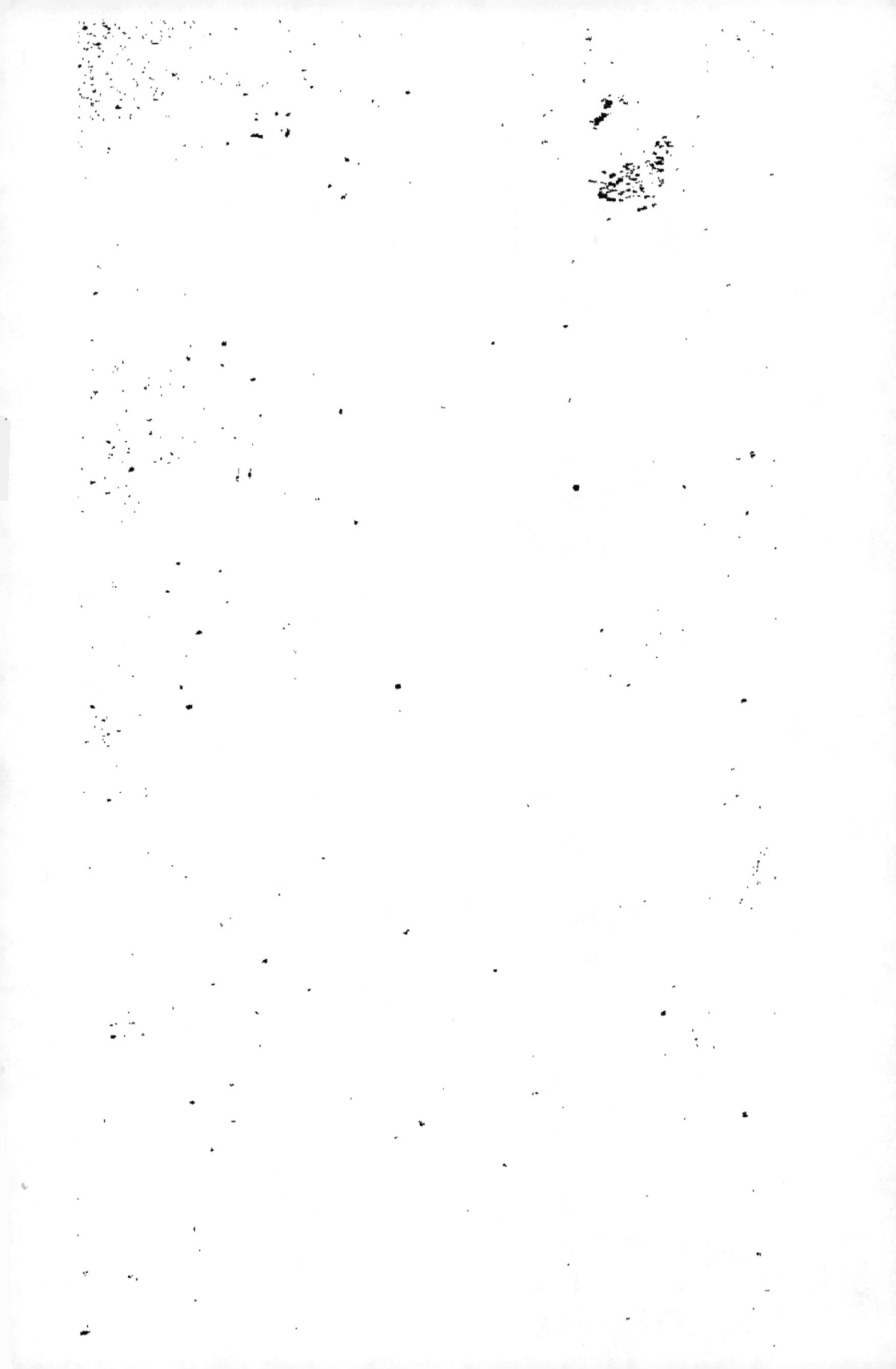

www.ingramcontent.com/pod-product-compliance
Lightning Source LLC
Chambersburg PA
CBHW060625100426
42744CB00008B/1500